MEMOIRE

DES GARDES DU CORPS

DU  ROY,

SERVANT DE REPLIQUE

A CELUY

DES GENDARMES ET CHEVAULEGERS.

A U R O Y.

IRE,

S I les Gendarmes & les Chevaulegers pour donner plus de vrai-
femblance à leurs prétentions, s'étoient contentez de répondre dans
leur dernier Memoire aux raifons fur lefquelles vos Gardes ont établi
leurs droits, vos Gardes, SIRE, fans rien dire de plus, auroient atten-
du avec une confiance refpectueufe, la décifion de VÔTRE MAJESTE'.

Mais l'interêt de la verité auffi bien que le leur, ne leur permet pas
de garder le filence, & les oblige malgré eux à remettre fous les yeux
de VÔTRE MAJESTE' des faits dont elle n'a point encore perdu la memoire, & dont tous les Princes de vôtre Sang, & tous les Seigneurs
qui avoient l'honneur de l'accompagner dans fon voyage de Reims,
font autant de témoins.

Vos Gardes, SIRE, fi l'on en croit les Gendarmes & Chevaulegers, Memoire des Gen-
font les *auteurs de la conteftation.* darmes.

C

On avance en second lieu dans le Memoire , que *l'affaire a été déci-*
dée provifionnellement par feu M. le Duc d'Orleans. Le recit des circonf-
tances appuye cet expofé ; on y rapporte le jugement , & l'on con-
clud enfin par cette confequence qui paroît victorieufe , *cette décifion eft*
 certaine , ce qui en fait la preuve , c'eft qu'elle a été executée.

Pour juger de ces deux fuppofitions , il ne faut que rapporter les
faits.

Ce ne fut , S I R E , que vers la fin de la journée de Villers-Coterets
à Soiffons , & en y arrivant, que le Prince de Soubize vint fe prefenter à
la portiere du caroffe de VÔTRE MAJESTE', du côté que le Sieur de Verfeilles avoit l'honneur de la garder. Cet Officier le prévint d'abord
d'honnêtetez,en lui demandant *s'il venoit faire fa cour & s'il vouloit s'ap-*
procher de VÔTRE MAJESTE': Le Prince de Soubize répondit,*qu'il venoit*
prendre fa place ; le Sieur de Verfeilles repliqua, *qu'il ne lui en connoiffoit*
là aucune ; & pour éviter que cette altercation n'allât plus loin, il adref-
fa la parole à M. le Duc d'Orleans en ces termes : *Vôtre Alteffe Royale ,*
m'ordonne-t'elle de la part du Roy de ceder ma place à M. le Prince de Sou-
bize ? Non , Monfieur , ains au contraire , lui répondit M. le Duc d'Orleans. La chofe en demeura là , & le Prince de Soubize difparut.

Le foir de l'arrivée à Fîmes , le Prince de Rohan fe rendit chez M.
le Duc d'Orleans, on ignore ce qui s'y paffa, il y étoit fans contradic-
teur & fans oppofition , tout ce que l'on fçait eft qu'en fortant, il dit
au Major de vos Gardes, que *S. A. R. avoit décidé en faveur des Gendar-*
mes , & qu'il en prévint les Officiers , afin qu'il n'y eût plus de difficulté ; le
Major répondit , *qu'il en rendroit compte aux Capitaines des Gardes.*

Le lendemain avant le départ de Vôtre Majefté de Fîmes , les Ducs
de Charoft & de Harcourt , & le Major fe rendirent chez M. le duc
d'Orleans , où après avoir expofé leurs raifons , ce Prince décida que *les*
Officiers de vos Gardes demeureroient à leurs poftes , & envoya ordre au Prince de Soubize *de ne point monter à cheval ,* ce qui fut executé, & depuis ce
moment les Officiers de vos Gardes ont joüi paifiblement de leur pofte
jufqu'au jour de vôtre majorité , que le Duc de Chaulnes voulut encore faire une nouvelle tentative, dont le fuccès ne répondit pas à fon
attente.

Voilà , S I R E , le détail exact des faits tels qu'ils fe font paffez ;
comment les Gendarmes & les Chevaulegers en ont-ils pû conclure

1°. Que parce que le Prince de Soubize s'eft prefenté pour prendre la
place du Sieur de Verfeilles , & le Duc de Chaulnes celle du Sieur de
Cherizy, vos Gardes doivent être regardez comme les auteurs de la conteftation ?

2°. Que parce qu'ils ont fait cette tentative deux fois fans fuccès, &
n'ayant jamais paru ni l'un ni l'autre dans aucune autre occafion, ils
ont une poffeffion acquife ?

 3°. *Qu'il y a une décifion certaine , que la preuve en eft, qu'elle a été articu-*

lée dans un des Memoires * *preſentez* à *M. le Duc d'Orleans lui-même.* On ne peut qualifier du nom de déciſion un ſimple diſcours fait en particulier, entre M. le Duc d'Orleans & le Prince de Rohan. Tout jugement, même proviſionnel, doit être ſuivi de ſon execution : Or comme vos Gardes, SIRE, ſont demeurez dans leur ancienne poſſeſſion, on doit dire avec plus de raiſon, que *cette déciſion n'a jamais été, & que la preuve en eſt qu'elle n'a jamais été executée.* — Mem. des Gend.

Après avoir expoſé les faits avec ſi peu d'exactitude, quoiqu'on promette beaucoup *de ſimplicité,* la réponſe paſſe à ce que les Gardes avoient dit de leur origine, de leur ſervice, de leur ancienneté, & le traite *d'abſolument étranger* au point ſur lequel il s'agit de ſtatuer. — Id.

Mais vos Gardes, SIRE, pouvoient-ils ſe diſpenſer de répondre à ce que les Gendarmes & les Chevaulegers avoient avancé contre eux, & ces derniers ont-ils bien prouvé que leur intention ne fut jamais *d'augmenter la bonne opinion qu'on a d'eux, aux dépens d'un Corps dont* — Mem. des Gend. *ils publieront toujours le zele & la valeur avec d'autant plus de joye, qu'ils en ont été de plus près les témoins,* lorſqu'on les voit s'attacher encore de nouveau dans leur Memoire à chercher ce *qu'on pourroit dire,* pour — Id. affoiblir autant qu'ils le peuvent, les faits déciſifs qu'on avoit allegué en faveur des Gardes ?

Vos Gardes loin de chercher ce qu'on *pourroit dire,* voudroient ajouter encore, s'il étoit poſſible, à la juſte idée qu'a le public des Gendarmes & des Chevaulegers.

Comme ils ne s'attendoient pas à leurs nouveaux doutes, ils n'avoient point cité ce qu'on lit dans la Chronique de Loüis XI. Que *le* — Hiſt. de Loüis XI. *lendemain de Noël qui étoit le jour de Saint Etienne, le Roy eut des nouvel-* autrement dite, la *les que les Anglois étoient en armes en* grant *nombre ſur mer, & étoient* Chronique ſcandaleu- *vers les parties du Mont Saint Michiel & incontinent fit monter à cheval,* ſe de l'Edit. in 4° de *& envoyer en Normandie les Archiers par lui mis ſus de ſa nouvelle garde* 1620. page 212. *nommée la garde de M. le Dauphin ;* ce qui démontre invinciblement trois choſes.

1°. Que les Gardes ſervoient donc à la guerre avant Charles VIII.

2°. Qu'ils y ſervoient dans l'abſence même des Rois. — Mem. des Gend.

3°. Qu'on n'attendoit pas toujours à les employer qu'il falût *s'ouvrir un paſſage au milieu d'une multitude d'ennemis, fort ſuperieurs en nombre ; ce qui obligeoit à ſe ſervir de tous ceux qui étoient en état de porter les armes.*

Si les Gardes avoient prévû que les Gendarmes & les Chevaulegers euſſent pû dire dans leur Memoire que *depuis le Regne de Loüis* — Id.

---

* *Leur Memoire dit bien que S. A. R. ordonna par proviſion, que les Capitaines des deux Compagnies ſeroient admis à la portiere du Roy ſuivant l'uſage, ſauf à eux de croire que c'étoit un droit de leurs charges, & à Mrs les Officiers des Gardes du Corps, que c'étoit un effet de leur politeſſe.* Mais il n'y eſt fait nulle mention que *le Prince de Soubize prit place à la portiere du caroſſe du Roy toutes les fois qu'il monta à cheval en le ſuivant au retour de Rheims à Paris,* comme l'avance le dernier Memoire. On ignore ſi *le Prince de Soubize a monté à cheval ou non* : ce qu'on ſçait très-certainement, c'eſt qu'il n'a jamais paru à la portiere depuis la journée de Soiſſons.

XII. jufqu'à la majorité du feu Roy , on n'a point entendu dire que les *Archers de la Garde* , **ni** les Gardes **du** Corps *fe foient trouvez* à aucune aĉtion de guerre ; Ils n'auroient pas manqué de citer *l'Ecoffe Françoife* , qui dit expreffément , en parlant de la bataille de Pavie , que *toutes les Gardes Ecoffoifes du Corps de Sa Majefté furent tuées près & alentour de la perfonne du Roy avant fa prinfe* ; ce qui prouve non feulement qu'ils fe font trouvez à des aĉtions de guerre , depuis le Regne de Loüis XII. jufqu'à la Majorité du Feu Roy ; mais qu'ils fçavoient encore y faire leur devoir en gens d'honneur & de courage.

Les Gardes ajoûteront l'Ordonnance[a] de Charles IX. de 1570. qui *défend aux Archers du Corps d'avoir plus de deux chevaux & de deux ferviteurs* , ce qui fait connoître que dès lors les Gardes étoient de quelque confideration.

Ils obferveront auffi que de quelque diftinĉtion que fuffent les Compagnies d'Ordonnance , aufquelles les Gendarmes & les Chevaulegers ont fuccedé , le rang des Gardes étoit encore fupérieur, puifque leur paye étoit de 300. livres par an [*] , au lieu que celle des hommes d'armes n'étoit que de 180. livres[b]. Et que ne pourroient-ils pas ajoûter , fi renonçant dans leur Memoire à tout ce qui ne peut que fatisfaire une vaine oftentation , ils ne croyoient devoir fe réduire à ne parler ici de leur ancienneté , que pour faire obferver que cette queftion , loin d'être *abfolument étrangere* , fournit contre les prétentions des Gendarmes & des Chevaulegers , un argument fans replique.

Plus anciens qu'eux , vos Gardes , S I R E , n'ont pas befoin de prouver qu'ils ont eu dans leur origine les mêmes fonĉtions qu'ils ont aujourd'hui , & qu'ils ne les partageoient alors avec perfonne.

On ne voit pas en effet ni que les compagnies d'Ordonnance dont les Gendarmes & les Chevaulegers ont été tirez , ni que les 200. Gentilshommes dont ils effayent de perfuader *qu'ils ont pris la place* , ayent jamais marché aux Portieres du Caroffe ; ce pofte étoit donc occupé par vos Gardes feuls à l'exclufion de tous autres : fans cela l'objet de leur établiffement n'eût pas été rempli ; leur Office eft d'être toujours le plus près qu'ils le peuvent de la perfonne du Roy. En un mot ils ont occupé ce pofte dans tous les tems , ils l'ont occupé feuls , avant

L'Ecoffe Franç. impr. à Paris in 12. chez P. Mettayer en 1608.p.15.

Mem. des Gend.

[a] On lit dans l'Ordonnance de Charles IX. donnée à S. Germain au mois d'Août 1570. art. 6. *Ordonnons qu'aucun des Archers de nos Gardes ne pourra avoir plus de deux chevaux & deux ferviteurs , ni entretenir aucun chien ni oifeau.* Code Henry, fol. v°. 595.
[b] On voit dans l'Ordonnance faite en 1546. par Henry II. touchant la crüe de la folde de la Gendarmerie, que les anciens gages avant cette année étoient de neuf-vingt livres Tournois par an par Homme d'Armes , & de 90. par Archer. Code Henri, page 663. R.

---

* On lit dans Machiavel dans fon Livre intitulé : *Ritratto de la Francia* , qui paroît compofé , parce qu'y dit l'Auteur , après la bataille de Ravennes donnée en 1512. & avant la mort de Louis XII. arrivée en 1515. page 107. de l'édition de Geneve , *in quarto.*

Li Archieri fono quatrocento diputati alla guardia della perfona del Ré tra i quali ne fono centi fcozzefi & hanno l'anno trecento Franchi per huomo é uno fayo , come ufano , alla livrea del Ré , quelli del corpo del Ré che fempre li ftanno al lato fono vintiquatro † , *con quatrocento franchi per ciafcuno l'anno , Capitani ne fono Monfignore d'obegni , è il Capitano Gabriello.*

Les Archers font au nombre de 400. employez pour la garde de la perfonne du Roy , entre lefquels il y en a 100. Ecoffois ; ils ont par an 300. francs chacun , & un fayon *ou manteau* de la livrée du Roy fuivant l'ufage. Ceux du corps qui font toujours à fes côtez , font au nombre de 24. † ayant 400. livres par an chacun: Leurs Capitaines font Monfeigneur d'Aubigny , & le Capitaine Gabrielle.

† Ce font les *vingt-quatre Gardes de la Manche.*

qu'il y eût des Chevaulegers & des Gendarmes , & par l'établissement de ces deux Compagnies , les fonctions de vos gardes n'ont souffert ni division , ni partage ; ils n'ont donc que faire de titres pour exclure les Gendarmes & les Chevaulegers d'un poste , qui jusqu'à l'établissement de ces deux Compagnies a toujours été propre & particulier aux Gardes du Corps seuls ; mais les Gendarmes & Chevaulegers pour se mettre en droit d'y prétendre , ne peuvent se dispenser de produire un titre * qui les y admette expressément. Qu'ils le produi-

* On peut voir ci- à côté dans l'Ordonnance de 1611. & dans les premieres Provisions de Capitaine en chef de la Compagnie des Gendarmes , donnée à M. de S. Geran en 1615. qui sont les premiers & les plus anciens titres qu'on ait pu trouver sur cette Compagnie, qu'il n'est fait nulle mention de la garde de la personne du Roy.

ORDONNANCE

De Loüis XIII. par laquelle il attribuë à M. de S. Geran les appointemens de Capitaine en Chef de la Compagnie des Gendarmes , du 29. Avril 1611.

LOUIS , &c. Salut : Encore que les Rois nos prédécesseurs ayent accoutumé à leur avénement à la Couronne , de quitter le titre de Capitaine des Compagnies d'Ordonnance , dont ils étoient pourvûs avant leurdit avenement , & de remettre la principale partie d'icelle au Lieutenant , & l'autre au Souslieutenant , pour en avoir chacun d'eux une particuliere en titre de Capitaine en chef , & jouir des honneurs,dignitez,états & appointemens y appartenans ; Nous avons néanmoins de particuliere inclination , comme de plusieurs bonnes considerations importantes au bien de nôtre servicé , désiré conserver entiere sous nôtre nom & titre de Capitaine, celle de 200. Hommes d'Armes de nos Ordonnances dont il a plû au feu Roy de glorieuse memoire , nôtre très honoré Sieur & Pere que Dieu absolve , nous faire constituer Chef , étant encore Dauphin de Viennois ; au moyen de quoi , attendant qu'il se presente autre occasion de reconnoître les services de nôtre cher & bien-amé le Sieur de S. Geran , Sous-Lieutenant de ladite Compagnie , selon l'estimé que nous faisons de sa personne & de son merite , Nous avons,par l'avis de la Reine Regente nôtre très-honorée Dame & Mere , jugé le devoir gratifier de l'appointement de Capitaine *a* en Chef de la Compagnie de nos Ordonnances , comme si la nôtre étoit séparée , & lui pourvoir de partie d'icelle , principalement pour lui donner moyen de soûtenir la dépense extraordinaire à laquelle l'oblige la résidence qu'il fait de present près de Nous avec partie de nôtre Compagnie. A CES CAUSES , Nous voulons & vous mandons que par les Trésoriers Generaux de nos guerres presens & à venir , & chacun d'eux en l'année de son exercice , vous ayez à faire doresnavant payer & delivrer comptant audit Sieur de S. Geran , à commencer du premier Janvier dernier , jusqu'à la somme de 820. livres tournois pour chacun quartier , revenant à la somme de 3280. livres par an que nous lui

avons pour les considerations susdites ordonné & ordonnons par ces Presentes signées de nôtre main pour ledit état & appointement de capitaine en chef de la Compagnie de nosdites Ordonnances & place d'Hommes d'Armes y jointe, en ce compris aussi celui de Sous-Lieutenant dont il jouit de present,montant à 345. livres par quartier, que Nous voulons, ce faisant , être éteint & supprimé , comme l'éteignons & supprimons par lesdites Presentes & rapportant avec la copie collationnée , &c. Donné à Fontainebleau le 29. Avril 1611. & de nôtre regne le premier. *Signé*, LOUIS : *& plus bas* , par le Roy , la Reine Regente sa mere presente. Signé DE NEUVILLE. Registrées en la Chambre des Comptes, oüy le Procureur General du Roy , pour joüir par l'Impetrant de l'effet & contenu en icelle tant qu'il sera Sous-Lieutenant de ladite Compagnie, & sans tirer à consequence pour autres, le 19. juillet 1611. Signé BIVELONS.

PROVISION DE LA CHARGE
de Capitaine-Lieutenant des 200. Gendarmes , données par Loüis XIII. à Jean François de la Guiche Sieur de S. Geran, le 13. Mars 1615.

LOUIS par la grace de Dieu , &c. Comme nôtre très-cher cousin le Sieur de Souvré , Maréchal de France , ait volontairement remis en nos mains la Compagnie des deux cens Hommes d'Armes de nos Ordonnances,dont le feu Roy nôtre très-honoré Sieur & Pere, de glorieuse memoire , le pourvut en la créant & nous constituant Chef & Capitaine d'icelle ; Etant à cette occasion besoin de pourvoir en son lieu , de quelqu'autre bon & expérimenté Capitaine,en qui nous ayons entiere confiance pour nous servir en ladite conduite de nôtredite Compagnie près de Nous & ailleurs, où nous la voudrons employer;& sçachantpour cet effet ne pouvoir faire une meilleure élection que de la personne de nôtre amé & feal Conseiller en nôtre Conseil d'Etat, Gouverneur & nôtre Lieutenant General en Bourbonnois, &c. & Sous-Lieutenant de nôtre susdite Compagnie , Jean-François de la Guiche , Sieur de S. Geran, aussi choisi & appellé à ladite Sous-Lieutenance, par feu nôtre Sieur & Pere, dès lors de l'institution de ladite

a C'est ce qui a donné lieu dans la suite d'accorder au Sous-Lieutenant des Gendarmes le titre de Capitaine-Sous-Lieut. nant.

E

ſent donc ce titre, leur origine eſt trop recente pour alleguer qu'il eſt perdu Qu'ils faſſent voir que les Rois vos prédeceſſeurs ont voulu qu'ils partagent avec vos Gardes leurs fonctions & leurs prérogatives; Et s'ils l'eſſayeroient inutilement, qu'ils conviennent que l'honneur que nos Rois leur ont fait de les agréger à leur Maiſon & de les attacher à leur ſuite, ne peut avoir dépoüillé les anciens Corps des droits & des fonctions qui leur étoient propres, & qu'ils ne partageoient avec perſonne : *Que s'il n'eſt pas permis de diſtinguer où la loy ne diſtingue pas*, il eſt encore moins permis de vouloir s'attribuer au préjudice d'autruy, ce qu'elle n'a pas expreſſément donné. Ainſi le poſte dont il s'agit doit demeurer à vos Gardes ſeuls, puiſqu'ils en étoient ſeuls en poſſeſſion avant l'établiſſement des Gendarmes & des Chevaulegers, & que par l'établiſſement de ces deux Compagnies, vos Gardes n'ont pas ceſſé d'être ce qu'ils étoient.

C'eſt par là que l'ancienneté décide abſolument la queſtion ; & ſans pouſſer ces reflexions plus loin, vos Gardes, S I R E , laiſſeroient les Gendarmes & les Chevaulegers joüir en paix de la flateuſe idée d'avoir ſuccedé aux 200. Gentilshommes de Bec à Corbin , ſi dans la crainte qu'elle ne devint encore le principe de quelque nouvelle prétention , ils ne ſe croyoient obligez de la détruire par trois reflexions importantes.

La premiere, que les Lettres Patentes * ſur leſquelles on établit cette prétention , & qu'on veut rendre communes aux Gendarmes & Chevaulegers, ne ſont que pour les Chevaulegers ſeuls. Il n'y eſt fait aucune mention des Gendarmes, qui n'étoient pas encore créés & qui n'ont été mis ſur pied qu'après la naiſſance de Loüis XIII. ª ſous le nom de Compagnie d'Ordonnance du Dauphin.

La ſeconde, que ces mêmes Lettres Patentes n'ont point eu d'effet, non plus que celles de 1599. † dans leſquelles il n'eſt fait aucune mention des 200. Gentilshommes de la Maiſon du Roy. Le titre ſur lequel les Chevaulegers joüiſſent des privileges & exemptions , eſt la Dé-

ªVoyez p.7. de ce Memoire l'Ord. de 1611. & les Proviſions de Capitaine - Lieutenant des Gendarmes de 1615.

† Les Lettres Patentes de 1599. ne contiennent rien de particulier & portent ſeulement, *que le Roy Henri IV. voulant donner quelque marque d'honneur du contentement qu'il a des ſervices de la Compagnie des Chevaulegers, & bien memoratif de la promeſſe qu'il leur fit, lorſque ladite Compagnie fut mis ſus, de la faire joüir de l'exemption de tailles , en conſéquence il leur accorde l'exemption pour eux & leurs veuves du payement de toutes tailles , taillon & autres ſubſides, &c.*

Compagnie .... A CES CAUSES .... Donnons & octroyons par ces préſentes ledit état & charge de Capitaine - Lieutenant de ladite Compagnie de deux cens Hommes d'Armes de nos Ordonnances, étant ſous nôtre nom & titre de Capitaine en chef. En témoin de quoi Nous avons fait mettre & appoſer nôtre ſcel auſdites Preſentes. Donné à Paris le 13. jour de Mars , l'an de grace 1615. & de nôtre regne le cinquiéme.

* Sur les Lettres Patentes du Roy en forme d'Edit données à Tours au mois de Mai dernier, ſignées , HENRY , &c. Les cauſes & conſidérations y mentionnées , ledit Sieur Roy, de l'avis , &c. Veut, ordonne & lui plaît que doreſnavant ceux de la Compagnie des Chevaulegers de ſa garde qui ſe trouveront iſſus d'extraction noble, ſoient honnorez des mêmes privileges accordez par ſes prédeceſſeurs aux 100. Gentilshommes de ſa maiſon ; à la charge qu'ils le ſerviront cinq ans entiers en ladite Compagnie , & dont ils jouiront neanmoins durant qu'ils ſeront enrôlez en icelle , & qu'ils y ſerviront , & non autrement: Et après avoir ſervi ledit tems de cinq ans , qu'ils joüiſſent deſdits privileges ; & leurs veuves tant qu'elles vivront dans leur viduité : Et quant aux autres qui ne ſe trouveront iſſus d'extraction noble , ſoient tenus auparavant que de pouvoir acquerir ce titre, ſervir cinq ans entiers, pendant lequel tems, & qu'ils ſeront enrôlez , & ſerviront actuellement en ladite Compagnie, Sa Majeſté veut qu'ils ſoient affranchis & déchargez , comme Elle les affranchit & décharge eux , & leurs femmes & enfans de payer aucune taille & emprunt , ne ſub-

ciaration du Roy Loüis XIII. a du mois de Decembre 1610. Regiſtrée à la Cour des Aydes au mois de May 1611. On voit par cette Décla-ration, qu'un des principaux motifs que Loüis XIII. eut pour accor-der certe grace aux Chevaulegers étoit la promeſſe qu'il ſçavoit leur en avoir été faite par le Roy Henry IV. ſon Pere. Ainſi cela prouve-roit invinciblement que les Lettres Patentes accordées anterieurement n'avoient point eu leur effet, ſi l'on ne le voyoit encore par l'Arrêt de la Chambre des Comptes, ſur la préſentation qui lui fut faite des pre-mieres Lettres de 1593*.

Cette Déclaration de 1610. porte en termes exprès : *Exemptions du payement de toute Taille, Taillon, & autres Subſides & Impoſitions quel-conques, faites ou à faire ſur nos Sujets en quelque ſorte & maniere que ce ſoit, attribuant en outre à noſdits Lieutenant, Porte Cornette, Maréchal des Logis ; enſemble auſdits Soldats & Officiers de nôtredite Compagnie, tels & ſemblables Privileges & Exemptions, tant en jugement que dehors, & droit de Commitimus: dont ont accoûtumé de joüir & uſer les Capitaines, Lieu-tanans, Exempts, Archers & autres Officiers des quatre Compagnies des Gardes de nôtre Corps.*

Il paroît que cette clauſe détruit entierement l'idée de la parité des Privileges des 100. Gentilshommes dont on voudroit tirer avan-tage.

Il y a bien de la difference entre joüir des mêmes Privileges & exemp-tions, ou d'avoir les mêmes prérogatives, les mêmes droits & les mê-mes fonctions. Les Officiers Domeſtiques & Commenſaux de VÔTRE MAJESTE', ſont tous également, SIRE, dans le premier cas. Pour ce qui eſt du ſecond ; il n'en eſt aucun dont les fonctions, les préro-gatives & les droits ne ſoient differens.

Une derniere obſervation eſt que les Gendarmes & Chevaulegers n'ont pas aſſez fait d'attention, qu'il leur auroit été difficile *de tenir la place des 200. Gentilshommes de la Maiſon du Roy*, puiſque ces deux Compagnies ont ſubſiſté, l'une juſqu'en 1688. où elle fut ſupprimée, & l'autre juſqu'à la mort du feu Duc de Lauzun, arrivée au mois de No-vembre 1723.

Ainſi les Gendarmes & Chevaulegers feront bien d'écarter une fois pour toutes, l'idée des Gentilshommes de Bec à Corbin, auſquels ils ne peuvent jamais avoir aucun raport.

A l'égard du Reglement de 1652. les Gendarmes & Chevaulegers voudroient ſe faire un moyen de ce qu'ils y ſont nommez les pre-

---

ſides quelconques mis ou à mettre ſur ſes ſu-jets, tout ainſi que ſont les autres officiers de la Gendarmerie, &c.

* La Chambre avant que de faire droit ſur leſdites Lettres a ordonné & ordonne, que les Supplians feront apparoir de quels privile-ges ont a coûtumé de joüir les 100. Gentils-hommes de la maiſon du Roy. Fait à Tours le 15. Decembre 1593. *Memorial* KKKK *fol.* 221. *verſo.*

F

miers; c'eſt un avantage que donne la ſeule qualité de Demandeur.

Mais ce Reglement[a] donne le pas non ſeulement au guet des Gardes du Corps, mais encore à la Cornette lorſqu'elle eſt mandée, *& n'accorde aux Gendarmes que la faculté de doubler ſur la droite des Gardes, quand le terrain le permet, avec ordre neanmoins de laiſſer toujours paſſer les Gardes les premiers aux défilez*, il n'y a rien dans ce Reglement qui ne faſſe honneur aux Gardes du Corps.

Devoit on s'attendre que les Gendarmes & Chevaulegers ſe prévaluſſent de ce Reglement, pour en conclure qu'ils ont eu la droite ſur les Gardes du Corps, pendant qu'il eſt porté poſitivement qu'ils doivent leur ceder le pas.

Comme ils ne produiſent rien pour appuyer ce qu'ils avancent, qu'ils avoient la droite dans les revûës * des Troupes de la Garde, ils trouveront bon qu'on ne convienne point de ce fait juſqu'à ce qu'ils en ayent donné quelques preuves authentiques.

Mais on veut bien leur en épargner la peine, en les aſſurant par avance qu'ils ne trouveront ni titre ni monument, qui montre que dans aucune occaſion les Gendarmes & les Chevaulegers ayent précedé vos Gardes du Corps, l'Ordonnance de 1665.[b] prouve bien qu'il y avoit eu des conteſtations ſur la marche & le commandement ; mais on ne doit pas en conclure, que parce qu'il y a eu des diſputes, les Gendarmes & Chevau'egers ayent eu la droite & le pas ſur vos Gardes, il n'y en a pas le moindre veſtige.

Cette Ordonnance & celle de 1667. ne furent point faites uniquement pour regler les rangs entre les Officiers des Troupes de vôtre Maiſon ; mais elles renferment des diſpoſitions generales & communes pour tous les Officiers de la Maiſon du Roy, de la Gendarmerie &

---

* Les Troupes qui compoſent la Maiſon du Roy, n'ont faiſ veritablement Corps que vers le temps de la guerre de Hollande de 1672. avant lequel les Compagnies des Gardes du Corps, Gendarmes, Chevaulegers, & Mouſquetaires étoient diſtribuées à la tête des Brigades de la Cavalerie legere ; & on peut avancer, ſans trop hazarder, qu'il n'y a point eu de Revûës de toute la Maiſon du Roy, ni avant 1665. ni même de pluſieurs années depuis.

---

a *REGLEMENT DU DIX-NEUVIE'ME jour d'Octobre 1652. à Saint-Germain en Laye.*

Le Roy ayant ſçû le differend qui eſt entre la Compagnie des Gendarmes & les Compagnies des Gardes de ſon Corps, pour raiſon de leur marche, lorſqu'ils ſe trouvent enſemble à la ſuite de Sa Majeſté ; & voulant y pourvoir, Sadite Majeſté ordonne, qu'étant en campagne, tant les Gardes qui ſont en quartier, que leur Cornette qui aura été mandée, ne faſſent qu'un corps & marchent immédiatement après ſadite Majeſté ; & que ſadite Compagnie de Gendarmes les ſuive, lorſque la commodité du lieu ne le pourra permettre autrement ; mais quand il ſe trouvera aſſez d'eſpace, Elle entend que ſes Gendarmes prennent la droite, & marchent à la même hauteur que leſdits Gardes, leſquels toutes-fois venant à un défilé, leſdits Gendarmes laiſſeront paſſer les premiers. MANDE Sadite Majeſté aux Capitaines & Commandans deſdites Compagnies d'obſerver ponctuellement le preſent reglement, ſans ſouffrir qu'il y ſoit en aucune maniere contrevenu. Fait à Saint-Germain en Laye le 19. jour d'Octobre 1652. *Signé*, LOUIS : *Et plus bas*, DE GUENEGAUD.

b Le Roy étant bien informé des difficultez qui ſe ſont toujours rencontrées pour la Marche & le Commandement, tant entre les Officiers des Compagnies des Gardes de ſon Corps & celles de ſes Gendarmes & Chevaulegers, qu'entre les Compagnies de ſes Mouſquetaires à cheval, celle de ſes Gendarmes Ecoſſois, & toutes les autres Compagnies d'Ordonnances qui ſont préſentement ſur pied, ſous le nom de la Reine Mere de Sa Majeſté, de la Reine, de Monſeigneur le Dauphin, & de Monſeigneur le Duc d'Orleans, & entre les Compagnies ſuſdites & les Regimens & Compagnies de ſa Cavalerie Legere, & Sa Majeſté voulant, &c.

de la Cavalerie Legere. Il n'en faut pas davantage, pour démontrer que cette Ordonnance est purement militaire, & ne concerne que le service de l'Armée; c'est une loi generale faite pour prévenir les disputes entre les Officiers de tous les differens corps, elle fixe les rangs que chacun d'eux doit avoir dans les détachemens.

Or d'en vouloir tirer des consequences & des inductions pour le poste de la portiere, c'est assûrément faire dire à la loi ce qu'elle n'a jamais eu intention de dire. On convient que c'est un moyen, qu'il coûtera beaucoup aux Gendarmes & Chevaulegers d'abandonner; mais ils le sacrifieront sans doute à l'évidence de la verité: si l'on admettoit ces Ordonnances pour loi du service personnel, aussi bien que ce qu'ils avancent dans un autre endroit du Memoire, *que la préference du grade est une* Mem. des Gend. *maxime inviolable de la discipline militaire, qui ne peut recevoir d'exception, qui ne fût émanée de l'autorité Souveraine, & que cette exception ne se trouve nulle part;* il s'ensuivroit necessairement, que lorsqu'il se trouveroit, à l'escorte du Roy sur la Frontiere, un détachement considerable de Troupes, le Brigadier ou le Maréchal de Camp qui les commanderoit, seroit en droit d'alleguer cette maxime, avec laquelle pourtant on le prieroit de demeurer à la tête de ses Troupes, pour y veiller à la seureté de la Personne du Roy, sans qu'il lui fût permis de prétendre au poste des portieres, qui ne doit être occupé que par les Officiers de vos Gardes.

Que disent cependant les Gendarmes & Chevaulegers, que ce Maréchal de Camp & ce Brigadier ne fussent en droit de dire comme eux? Comme eux, *ils seroient pour la garde du Roy,* en consequence, *ils devroient veiller à la seureté de sa Personne;* veillant à la seureté de sa Personne, *ils seroient chargez d'en répondre,* obligez par consequent *d'être le plus près qu'il se pourroit,* tant *pour satisfaire à cette obligation, que pour être plus à portée de recevoir les ordres de* VÔTRE MAJESTE'. En vain leur allegueroit on le nom de Gardes du Corps, leur service particulier, leur destination, les distinctions, l'origine, le serment, le bâton; ils répondroient, sans doute, *que ces raisons ne décident point, que lorsque des Troupes sont assem-* Id. *blées pour vous garder,* SIRE, *elles n'ont toutes qu'un même objet, qui est la seureté de vôtre Personne, que la préference du grade est une maxime inviolable de la discipline militaire, qui ne peut souffrir d'exception qui ne soit émanée de l'autorité suprême, & que cette exception ne se trouve nulle part; que les Ordonnances de 1665 & 1667. sont une loi positive, & que partout où la loi ne distingue pas, il n'est pas permis de distinguer.*

Les Gendarmes & les Chevaulegers, croyent-ils que sur ce fondement, ce Maréchal de Camp ou ce Brigadier fussent en droit d'occuper la portiere du carrosse de VÔTRE MAJESTE' de préference à vos Gardes du Corps?

A suivre même exactement les principes du Memoire par rapport à ces Ordonnances: comme elles ne donnent à vos Capitaines des Gar-

G

des que rang de premiers Meſtres de Camp, & qui doivent obéïr à tous Brigadiers ; * il s'enſuivroit neceſſairement que ce Maréchal de Camp & ce Brigadier devroient avoir auſſi la préférence ſur vos propres Capitaines des Gardes, ce qui paroît abſurde.

C'eſt donc, SIRE, ſur d'autres principes qu'il faut juger & décider du ſervice perſonnel de Vôtre Majeſté ; & les Gendarmes & Chevaulegers ne pourroient eux-mêmes dans cette occaſion ſe diſpenſer d'en convenir.

Il n'y a par conſequent nulle application à faire pour le cas dont il s'agit, ni des Ordonnances de 1665. & de 1667. ni de la maxime ſur la préference du grade. On n'a pû l'avancer même ſans tomber dans une eſpece de contradiction. On convient dans un endroit du Memoire, qu'on ne prétend point le commandement ſur les Gardes du Corps, dans la place que l'on veut occuper à la portiere, & dans l'autre, ce n'eſt que ſur la préference du grade militaire qu'on y prétend. Il eſt difficile de comprendre que le grade puiſſe donner une place où l'on ne doit avoir ni autorité ni commandement, puiſque le grade donne encore plus le commandement que la place, & ne peut même donner la place qu'à raiſon du commandement.

Quels moyens peuvent donc alleguer les Gendarmes & Chevaulegers pour ſoûtenir leurs prétentions ? Ils les reduiſent à quatre propoſitions dans leur Memoire.

La premiere, *qu'ils ſont de la garde ordinaire de* VÔTRE MAJESTE'.

La deuxiéme, *qu'ils ſont chargez de veiller à la ſeureté de vôtre Perſonne & obligez d'en répondre.*

La troiſiéme, *que le ſervice de la garde exige que les Officiers ſuperieurs qui la compoſent, laiſſent la conduite de leur Troupe aux Officiers inferieurs, pour s'approcher de la Perſonne du Roy.*

La quatriéme, *qu'entre pluſieurs Officiers que les mêmes fonctions raſſemblent dans un poſte, le grade ſeul décide du rang que chacun y doit tenir.*

Il faut examiner par ordre ces quatre Propoſitions.

Si *dans les Brevets des Officiers des Gendarmes & des Chevaulegers,* ſi *dans les Lettres de* VÔTRE MAJESTE' *aux Commandans, &* dans les états de la Chambre des Comptes & de la Cour des Aydes, ces deux Compagnies ſont qualifiées *Compagnies de deux cens hommes d'Armes, & de deux cens Chevaulegers ſervant à la garde ordinaire de la Perſonne du Roy* ; Ne voit-on pas la différence qu'il faut mettre, entre ceux qui ne ſervent qu'à la garde, & ceux qui ſont la garde même.

Si dans l'inſtitution des Gendarmes & des Chevaulegers, les Rois

---

* L'Ordonnance de 1665. dit:Que dans les détachemens où les Officiers des ſuſdites Compagnies ſe pourront rencontrer, &c. *Que les Capitaines des Gardes du Corps de Sa Majeſté, le Capitaine-Lieutenant de ſes Gendarmes, le Lieutenant de ſes Chevaux-Legers, le Lieutenant de ſa Compagnie de Gendarmes Ecoſſois,* & les Capitaines-Lieutenans de ſes Compagnies *de Mouſquetaires, tiennent rang & faſſent garde de premiers Meſtres de Camp de Cavalerie, qu'en cette qualité ils obéïſſent aux Brigadiers de la Gendarmerie & à ceux de la Cavalerie legere, & commandent à tous les Meſtres de Camp d'icelle.*

avoient voulu leur accorder les mêmes fonctions & les mêmes prérogatives que celles des Gardes, ou du moins les y affocier : outre qu'ils auroient
quelque titre pour le prouver , on ne leur auroit pas donné cette dénomination particuliere , qui fait précifement contre eux ; puifque le
terme *de fervant à la garde ordinaire* , fait fentir qu'on n'y fert pas toûjours , mais qu'on eft de ceux qui font deftinez fimplement pour en augmenter le nombre dans de certains cas.

On dira peut-être que cette diftinction eft trop fubtile , mais l'ufage du fervice journalier en démontre la realité.

Le Regiment des Gardes, S I R E , eft fans doute de vôtre garde ordinaire ; fon fervice confifte à garder les avenuës & tous les dehors des
Maifons où eft VôTRE MAJESTE'. Pour cet effet, ils placent des fentinelles dans tous les endroits neceffaires , & il y en a toujours au-def-
fous des fenêtres de vôtre appartement, bien entendu qu'il ne foit point
au rez de chauffée , & qu'on ne puiffe pas mettre la main jufques fur la
fenêtre : car en ce cas, au lieu de fentinelles du Regiment de vos Gardes,
on y en met de vos Gardes du Corps ; & quelle eft la raifon de cette
diftinction ? Si ce n'eft que ce pofte devient de plus grande confequence , & qu'il n'eft plus confideré comme de garde exterieure, s'agif-
fant alors de garder la Perfonne même de VôTRE MAJESTE'.

Ce qui fe pratique dans ces occafions par rapport aux Regimens des
Gardes, s'obferveroit de même dans celles où les Moufquetaires auroient
l'honneur de garder à pied VôTRE MAJESTE' , comme il eft fouvent
arrivé dans les voyages. Quoique ceux qui compofent cette Troupe
foient bien d'une autre diftinction , leur fervice n'eft different en rien
de celui du Regiment des Gardes ; ils n'ont, S I R E , que la garde exterieure comme eux, & les Moufquetaires font fentinelle aux dehors
des portes de la maifon où feroit logée VôTRE MAJESTE', pendant que
vos Gardes font en dedans ; & que le foir on ferme ces mêmes portes
dont on remet les clefs au Capitaine des Gardes. Par quelle raifon & fur
quel fondement ces Troupes auroient-elles un fervice plus diftingué &
plus intime, lors qu'elles font à cheval , que quand elles font à pied.

Comme on a cru jufqu'à prefent que les Compagnies des Gendarmes , des Chevaulegers & des Moufquetaires avoient les mêmes prérogatives ; il eft neceffaire que les Gendarmes & les Chevaulegers prouvent l'avantage qu'ils ont fur les Moufquetaires , ou s'ils n'en ont aucun, qu'ils avoüent qu'ils ne fervent ni les uns ni les autres qu'à la garde exterieure, & que la garde immediate & perfonnelle de VôTRE MA-
JESTE' n'appartient qu'aux feuls Gardes du Corps ?

La garde ne quitte jamais le Roy ; auffi vos Gardes , S I R E, attachez
inviolablement à vôtre Perfonne, la fuivent par tout ; il n'en eft pas de
même de ceux qui ne fervent qu'à la garde : car outre que les Gendarmes & Chevaulegers n'ont aucune fonction que dans les voyages, où les
ceremonies : dans les voyages même , ils n'accompagnent le plus fou-

vent, Vôtre Majesté', que les uns après les autres, partageant les differens relais entre les Gendarmes, Chevaulegers & Moufquetaires, auffi n'ont-ils pû s'empêcher de reconnoître que le fervice de vos Gardes étoit plus intime & plus affidu.

De la difference qu'on ne peut s'empêcher de mettre *entre fervir à la garde*, ou *être la garde même*, naît la réponfe à la feconde propofition, dans laquelle il ne s'agit que de démêler l'équivoque des termes; on affecte d'y confondre, *concourir à la garde* & *veiller à la feureté de la Perfonne*; & ce qui eft encore plus, *être chargé d'en répondre*. Toutes chofes differentes & dont la diftinction n'eft point imaginaire; on vient de l'obferver; mais le Reglement du 17. Février 1656. en eft une nouvelle preuve.

Ce Réglement fut fait au Confeil du Roy, le 17. jour de Feurier 1656.

Dans ce Reglement fait entre les Capitaines des Gardes & le Capitaine des Cent-Suiffes, le Roy qui donne au Marquis de Wardes la qualité *de Capitaine des Gardes*, declare, que c'eft *fans être chargé de fa Perfonne ni de fa Maifon*.

Cet exemple prouve inconteftablement.

Article I.

Que le Marquis de Wardes en qualité de Capitaine des Cent Suiffes de la garde du Corps de Sa Majefté, eft Capitaine des Gardes du Roy, fans neanmoins être chargé de la Perfonne de Sa Majefté ni de fa Maifon.

1. Qu'on peut être des Troupes fervant à la garde & de la garde même, fans cependant être chargez de la Perfonne.

2. Qu'il n'y a que les Gardes du Corps feuls qui foient chargez de la perfonne du Roy, puifque le Capitaine des Cent Suiffes, malgré le titre de Capitaine des Gardes du Roy & fes autres prérogatives, en eft précifement exclus par ce Reglement.

3. Que les Officiers des Gendarmes & des Chevaulegers, veulent mal-à-propos confondre l'honneur de concourir à la garde, avec la prérogative d'être chargé de la Perfonne du Roy.

Que les Gendarmes & les Chevaulegers difent donc qu'ils concourent, & qu'ils fervent à la garde de Vôtre Majesté', lors qu'ils y font appellez, ou dans les voyages, ou dans certaines ceremonies, on en conviendra; mais qu'ils reconnoiffent de bonne foi à quoi fe reduifent leurs fonctions.

Les Moufquetaires & Chevaulegers vont à l'avant-garde pour former le cortege, prévenir les dangers, empêcher les embarras qui pourroient retarder la marche.

Vos Gardes, S I R E, fpecialement attachez à la feureté de vôtre perfonne, ne font occupez que de ce qui la regarde, & c'eft pour cette raifon qu'ils entourent immediatement le Carroffe du Corps de vôtre Majefté, ce qui forme, pour ainfi dire, le centre de la marche.

Les Gendarmes chargés de l'arriere-garde, doivent veiller à ce qu'il n'arrive ny defordre ny confufion à la fuite de vôtre Majefté.

C'eft ainfi qu'en general toutes ces Troupes, S I R E, concourent à la garde & à la feureté de vôtre perfonne, mais chacune fuivant l'ordre de leurs fonctions & de leurs prerogatives particulieres, de maniere que s'il arrivoit dans un voyage quelque inconvenient de

quelque nature qu'il put eftre , les troupes chargées d'ouvrir & de fer-
mer la marche feroient employées pour y remedier, fans que vos gardes
abandonnaffent le caroffe de Vôtre Majefté, l'unique objet de leur Garde , ce qui marque précifement la difference de leurs fonctions.

C'eft par une fuite neceffaire de ce principe, que toutes les fois qu'il y a
des troupes pour former une avant-garde , alors les 4. Gardes du Corps
qui marchent ordinairement à la tête des chevaux de vôtre Caroffe,
fe retirent & vont reprendre leur place naturelle & le pofte d'honneur
qui eft d'environner le Carroffe du Roy. Les Gendarmes & les Chevaulegers auroient pû s'épargner la peine de faire valloir cette circon-
ftance comme une prerogative , elle feroit commune entre eux &
quelques autres troupes que ce fut , qui ferviroient à l'éfcorte du Roy,
& dont on ne manqueroit pas de former une avant-garde & une arriè-
re-garde pour conferver autour de vôtre Majefté le plus grand nombre de Gardes du Corps qu'il feroit poffible.

On ne voit donc pas furquoy pourroit être fondée la troifiéme
Propofition dans laquelle on pretend, que *le service exige que les Offi-*
ciers Superieurs quittent leurs Troupes pour venir fe placer à la portie-
re du Carroffe de Vôtre Majefté : comme fi le Service ne démandoit
pas au contraire que tout officier demeure à la tête de la troupe qu'il
commande, puifque c'eft la feule place où il puiffe agir & remplir les
fonctions dont il eft chargé : mais fur quel titre donc les officiers des
Gendarmes & des Chevaulegers veulent-ils s'autorifer à quitter leurs
troupes pour fe placer à la portiere ?

Eft-ce à titre de Commandants ? Ils conviennent eux-mêmes qu'ils ne
le pretendent pas ?

Eft-ce comme chargés de la perfonne de Vôtre Majefté ? on vient de
leur démontrer qu'ils ne le font pas.

Eft-ce comme fervants à la garde ? Ils y fervent en effet ; mais uniquement pour remplir les differentes fonctions dont ils font chargez
dans les poftes qui leur font confiez dans l'ordre de la marche , ainfi
qu'on vient de l'expliquer.

Eft-ce enfin pour être plus à portée de recevoir les ordres de Vôtre
Majefté ? N'eft-il pas inoüi qu'un Officier fuperieur ait jamais quitté
fon pofte & fa Troupe fous un pareil prétexte ? Comme fi Vôtre Majefté pouvoit jamais manquer d'Aydes de Camp pour porter fes ordres;
les Officiers Majors de vos Gardes , qui font le détail de toute la Maifon à l'armée, rempliroient alors cette fonction.

Pour rendre encore plus fenfible tout ce qu'on vient d'expo-
fer , quoiqu'on foit en pleine paix , on doit convenir que les
Troupes obfervent toujours, dans les marches , le même ordre que fi
on étoit en temps de guerre , & il faut raifonner de la même maniere.

Suppofons fur ce principe que l'arriere-garde de la fuite du Roy , qui est le poste des Gendarmes , fût attaquée , les Officiers de cette Compagnie laisseroient — ils charger leurs troupes sans eux ? Et attendroient-ils à combattre eux-mêmes avec les Gardes du Corps sur le pied de Volontaires ? Ce seroit une tranquillité dont leur courage s'offenseroit , & qui n'interesseroit pas moins la seureté de la personne du Roy , que l'ordre & le devoir du service Militaire; s'ils répondent qu'en cas de danger , ils se rendroient à la tête de leur Troupe ; c'est convenir précisément que la tête de leur Troupe est leur poste , & il ne faut pas d'autres raisons pour condamner leurs prétentions.

Ce que l'on dit de l'arriere-garde par rapport aux Gendarmes , doit s'entendre de même de l'avant-garde , par rapport aux Chevaulegers , enforte que dans la supposition qu'on vient de faire , il faudroit conclure , ou que les Officiers de ces deux Compagnies ne combattroient point avec leurs Corps, ce qu'on ne peut raisonnablement se persuader, ou que s'ils combattoient , comme il n'en faut pas douter , c'est la Tête de leurs Troupes , qui est leur veritable Poste ; comme le Poste naturel des Gardes du Corps , pour remplir le même devoir , est de ne quitter en aucun cas la personne de Vôtre Majesté.

Il n'est pas besoin même d'un danger réel pour suivre cet ordre dans les marches , la prudence veut que dans l'incertitude des evenemens , on ne s'en écarte jamais. Les anciens Officiers se souviennent que lorsque le feu Roy se rendit devant Mons pour en faire le siege, Sa Majesté se trouva sur le soir dans les Bois , qui sont autour de cette place. Le Maréchal de la Feüillade lui representa qu'on ne marchoit point avec assez de précaution , il y eut sur cela un ordre à tous les Officiers de marcher à la tête de leurs Troupes & le Roy resta seul au milieu de ses Gardes.

Après ce qu'on vient de dire , il seroit inutile de s'arrêter à discuter la quatriéme proposition.

1° Elle tombe d'elle-même dès que le Poste de la portiere n'appartient qu'aux Gardes seuls , comme on l'a démontré.

2°. On a prouvé que les Ordonnances de 1665. & 1667. ne peuvent avoir d'application au service personnel , & ne regardent que le service de guerre.

3°. La préference du grade qu'on voudroit conclure de ces deux Ordonnances , ne peut décider de la place qu'autant qu'elle décideroit du Commandement , & si les Gendarmes & Chevaulegers conviennent qu'ils n'en prétendent aucun, ils doivent reconnoître qu'ils ne sçauroient s'en servir pour appuyer leurs prétentions.

Rien donc n'établit moins le prétendu droit des Gendarmes & des Chevaulegers que ces quatre propositions qu'on nous annonce com-

 me se suivant necessairement les unes des autres , qui tirent toute leur force

de leur simplicité, & qui dégagées de tout art & de toute équivoque, ne présentent que le vrai & le solide.

Reduites à leur juste valeur, elles se tournent en démonstration contre ceux qui les avoient proposées avec tant de confiance, & vos Gardes, S I R E, ne refuseront plus d'être jugez sur ces quatre propositions, après les avoir dépouillées *de l'art & des équivoques* dont on avoit pris soin de les envelopper. Mem. des Gend.

Ils n'ont pas besoin, S I R E, *de dissertation*, comme le suppose le Id. Memoire, pour prouver que les motifs sur lesquels ils se fondent pour être auprès de la personne de Vôtre Majesté, ne leur sont pas communs avec les Gendarmes & les Chevaulegers.

Les Officiers de vos gardes en quartier étant à la portiere, sont à la tête de leurs troupes, puisque les Gardes entourent immediatement le Carosse de V. M. & quand même il n'y auroit point de Gardes, ils ne seroient pas moins obligez d'être auprès de Vôtre Personne par la nature de leur service qui les y attache, indépendamment de toute troupe, comme on l'a suffisamment prouvé dans le premier Memoire.

Si l'on ne voit pas quel est l'avantage que les Gendarmes & Chevaulegers retirent de leurs 4. propositions, on voit encore moins *les* Id. *nouvelles lumieres* qu'ils promettent d'y répandre, en consequence des réponses aux principes établis dans le Memoire de vos Gardes, qu'ils qualifient *d'objections.* Id.

Le nom de vos Gardes; leurs fonctions; leur serment; celui de leurs Capitaines; la distinction de le prêter l'épée au côté & entre les mains du Roi; le bâton; le service particulier de leurs Officiers en quartier; l'usage observé dans les revuës; le cas proposé d'une action où V. M. se trouveroit elle-même obligée de charger; le fait certain & incontestable que les Gendarmes & les Chevaulegers n'ont plus de quartier, dès que la Cornette s'assemble, soit à l'Armée, soit même dans les Camps de paix; les Ordonnances & Réglemens de nos Rois; tout ce qui peut enfin être favorable à vos Gardes, & servir à caracteriser la nature de leur Service, est traité d'inutile ou d'étranger à la question. C'est à quoy se réduisent les *lumieres* qu'on promet. Vos Gardes, S I R E, croyent que pour les dissiper; il suffit de renvoyer à leur premier Memoire, pour ne pas augmenter cet écrit, en répondant à chaque article.

Que les Gendarmes & Chevaulegers laissent en effet à vos Gardes le nom de *Gardes du Corps* à condition de s'approprier celui *de Gar-* Mem. des Gend. *des de la Personne*, l'addresse de leur Memoire ne changera rien à leur veritable dénomination, & jamais ils ne seront que Gendarmes & Chevaulegers servant à la Garde.

Qu'ils tâchent de confondre & de s'attribuer les fonctions de vos Gardes, elles sont trop marquées, & la distinction en est établie sur des principes trop certains, pour avoir à craindre qu'elles puissent jamais souffrir la moindre alteration.

Qu'ils s'efforcent d'affoiblir les prérogatives du ferment * & du bâton, elles font trop honnorables pour ne pas caractérifer toujours la différence effentielle de leur état.

Mem. des Gend.

Qu'ils veuillent perfuader *que vos Officiers des Gardes en quartier n'ont point de fervice auprès de vôtre Perfonne indépendamment de toute troupe ;* ce qui fe paffe journellement fous les yeux de Vôtre Majefté, fuffit pour détruire une pareille idée.

Id.

Qu'à les entendre, *il en foit des revûës comme des promenades,* c'eft ce qu'ils ne perfuaderont jamais à quiconque aura la moindre notion de l'art militaire.

Id.

Qu'ils éludent ce qu'on avoit avancé au fujet d'une action *dans laquelle on fuppofe que Vôtre Majefté feroit obligée à charger elle-même,* le droit des Officiers de vos Gardes dans cette occafion n'en demeure pas moins certain.

Qu'ils demandent fur quel fondement on a dit *qu'il n'y avoit plus de quartier lorfque les Cornettes s'affemblent,* on leur répondra qu'on l'a dit, parce que cela n'a jamais été autrement.

Id.

Qu'ils difent enfin que les Ordonnances & Reglemens des Rois vos prédéceffeurs pour le fervice de vos Gardes, font étrangers & inutiles à la queftion, parce qu'ils *n'exiftoient alors que fur le pied de Compagnie d'Ordonnance,* on leur demandera quels font donc les titres fur lefquels ils fondent leurs prétentions, & qui les admettent à partager un fervice que ces mêmes Ordonnances confient uniquement à vos Gardes.

---

* Il n'eft pas inutile de faire ici quelques obfervations à l'occafion de ce que les Gendarmes & Chevaulegers ont avancé dans leur Memoire, par rapport au ferment.

1. Ils oppofent à l'autorité de du Tillet, celle du Livre du P. Daniel, imprimé en 1721. qui dit lui-même dans fon livre, qu'il n'a rien avancé que fur les Memoires qui lui ont été fournis.

2. Le fait qui concerne le ferment du Sieur de Chauvay, n'eft appuyé que fur l'autorité d'un petit écrit qui traite de l'origine des deux Compagnies des cent Gentilshommes de la Maifon du Roy, fans nom d'Auteur, & fans qu'il cite aucun des Hiftoriens defquels il a tiré ce qu'il avance.

3. En fuppofant le fait tel qu'on l'expofe, il s'en faut bien qu'on en puiffe tirer les conféquences telles que les Gendarmes & Chevaulegers le voudroient. On fçait que dans l'établiffement que Louis XI. fit des cent Gentilshommes, qui étoient tous Hommes d'Armes, ils devoient avoir chacun deux Archers, & c'eft de ces Archers dont il fit une Compagnie à part, qui demeura toujours fous la même autorité du Sieur de Graville, qui étoit Capitaine des cent Gentilshommes. C'eft là ce qui fut appellé la petite Garde.

La Compagnie des Gardes Ecoffoifes fubfiftoit il y avoit déja longtems, & a toûjours eu le pas & la préference fur la Compagnie des cent Gentilhommes. On ne feroit pas même embaraffé de prouver encore que la première Compagnie Françoife des Gardes du Corps eft plus ancienne que l'inftitution des cent Gentilshommes. Ainfi par rapport à l'idée de la grande & de la petite Garde, les Gendarmes & Chevaulegers trouveront bon qu'on ne convienne pas qu'il y ait jamais eu cette difference entre les Compagnies des Gardes du Corps, & les cent Gentilshommes. Elle n'a jamais été qu'entre les Hommes d'Armes de ces Compagnies, & leurspropres Archers.

Quand Louis XI. fepara ces Archers du commandement du Sieur de Graville, Capitaine des cent Gentilshommes, & qu'il y nomma pour Capitaine le Sieur de Chauvay, ce fut alors que fes Lettres furent adreffées à un Maréchal de France. Ainfi, fi on parloit fans prévention, cette compagnie ne faifoit point encore partie de la Garde ; & par conféquent on n'en peut rien conclure par rapport à l'avantage qu'ont les Capitaines des Gardes de ne prêter leur ferment qu'entre les mains du Roy, ainfi que le rapporte expreffément du Tillet.

Il ne refte plus, S I R E, qu'à répondre en peu de mots à ce qui regarde la poffeffion.

Les Gendarmes & Chevaulegers veulent ignorer qu'il y ait eu un Réglement en 1645. Vos Gardes ne l'ont crû que fur l'authorité de celui de 1679. qui le rappelle expreffément, & ne fait que ftatuer en conféquence de ce qu'il avoit déja reglé. Pour en juger, on l'a fait imprimer * en entier, & l'on fe contentera d'y faire quelques réflexions.

1. Ce Reglement paroît fait en grande connoiffance de caufe, puifque l'on y rappelle les procès verbaux faits en 1615. & 1625. & le Reglement de 1645.

2. Ce Réglement de 1679. ne fait qu'ordonner l'exécution de celui de 1645. & par confequent il y en a donc eu un.

3. On ne peut nier que la conteftation entre le Gouverneur, les Prévôt des Marchands & Echevins de la ville de Paris, & les Gardes de Vôtre Majefté ne regardât le pofte de la Portiere, puifque c'eft là-deffus que le Reglement prononce.

4. On peut encore moins douter que les Gardes du Corps ne fuffent en poffeffion du pofte de la Portiere, puifqu'il leur eft ordonné de la laiffer libre dans cette occafion, & que la raifon en eft même alleguée, *afin de donner moyen au peuple de voir les Reines ou Princeffes qui feront dans le Carroffe.*

5. Les Gendarmes de leur aveu étoient derriere le Carroffe en 1645. & n'ont pris nulle part à la conteftation, qui les auroit regardé auffi-bien que les Gardes du Corps, s'ils avoient eu quelque droit à la Portiere.

6. C'eft vainement qu'on oppofe un extrait de cerémonial & de Regiftre, à l'autorité de deux Reglemens précis dont la difpofition établit fi clairement le droit des Gardes à la Portiere, & dont le filence par rapport aux Gendarmes & aux Chevaulegers anéantit fi

---

REGLEMENT ENTRE LE PREVOST des Marchands & Efchevins de Paris, & les Officiers des Gardes du Corps du Roy.

Le Roy ayant été informé de la conteftation arrivée entre le Prévôt des Marchands & Efchevins de Paris, & les Officiers de fes Gardes du Corps, fervans près la Reine d'Efpagne, pour raifon du rang qu'ils doivent tenir dans la marche lors de la fortie de ladite Dame Reine hors la ville de Paris; & Sa Majefté s'étant fait reprefenter les procès verbaux de l'ordre obfervé en pareille rencontre, lors du départ des Reines d'Efpagne & d'Angleterre en 1615. & 1625. & le Reglement fait en l'année 1645. lorfque la Reine de Pologne partit de Paris, Sa Majefté à voulu regler pour l'avenir, le rang que le Corps de ville doit tenir en pareille rencontre; & pour cet effet, a dé- claré & déclare, veut & entend que ledit Réglement du 22. Novembre 1645. foit executé, & en conféquence, que les Gouverneur, Prévôt des Marchands & Efchevins, Procureur de Sa Majefté, Greffier & Receveur de ladite Ville de Paris, marchent & tiennent rang en la maniere accoûtumée, à la fuite des Reines, Princes & Princeffes, qu'ils auront ordre d'accompagner, depuis les roües de devant des deux côtez du Caroffe en allant vers les chevaux; & lefdits Officiers de fes Gardes du Corps, depuis les roües de derriere du Caroffe en arriere: enforte que les portieres demeurent libres pour donner moyen au peuple de voir les Reines ou Princeffes qui feront dans le caroffe. Fait à Fontainebleau le 25. Septembre 1679. *Signé,* LOUIS: *Et plus bas,* COLBERT. Et fcellé du cachet des armes du Roy.

formellement ce qu'ils alleguent pour établir leur prétenduë possession.

C'est donc inutilement que les Gendarmes & Chevaulegers ont voulu donner le change en disant que le Reglement de 1679. ne peut les regarder, parce qu'ils n'étoient pas à Paris au départ de la Reine d'Espagne. Comme ce Réglement ne fait que rappeller les dispositions de celui de 1645. au sujet du départ de la Reine de Pologne, où ils ne sçauroient disconvenir qu'ils ne se soient trouvés ; la consequence de ces Reglemens n'en sera pas moins décisive contre eux.

Au surplus, qu'ils s'étendent en reflexions sur le peu d'exactitude des relations publiques, & en particulier de celle du départ de la Reine d'Espagne de Fontainebleau, ils sont les maîtres, il seroit à désirer seulement qu'ils en produisissent quelques-unes, dont on put tirer la plus legere induction en leur faveur.

Quelle que soit la difference que les Gendarmes & Chevaulegers prétendent trouver entre l'ordre de la marche pour Vôtre Majorité, SIRE, tels qu'ils le citent, & ce que vos Gardes en ont dit : ce n'est que sur la foy du dernier Memoire manuscrit des Gendarmes & des Chevaulegers que vos Gardes l'ont cité, & qu'ils l'ont exactement copié; mais quoi qu'il en soit de la nouvelle édition que les Gendarmes en ont donné, on n'en croira pas davantage que la portiere de vôtre carrosse doive être confiée aux seuls valets de pied de préference à vos Gardes.

A l'égard des certificats, vos Gardes ne feront pas difficulté de reperer ce qu'ils ont déja dit, qu'ils ne prouvent rien ; il s'agit du Poste de préference à la portiere dont il n'est point fait mention, & à cet égard puisque les Gendarmes & Chevaulegers se fondent sur des certificats des Officiers qui ont servi dans leurs Corps, on leur en opposera de semblables, qu'on a fait imprimer à la fin de ce Memoire.

Mais pour finir par quelques reflexions simples & naturelles ; se persuadera-t'on

Qu'un Lieutenant de vos Gardes ait voulu prendre sur soi de disputer à des personnes de la naissance, de la dignité, du rang & de la consideration du Prince de Soubize & du Duc de Chaulnes, une place qu'une possession certaine & incontestable leur auroit assuré?

Que de ce grand nombre d'Officiers de vos Gardes, dont les anciens services, les distinctions personnelles, l'honneur & la probité sont connus ; il ne s'en trouve pas un seul qui ne regarde la prétention des Gendarmes & Chevaulegers comme contraire à ce qu'ils ont jamais vû pratiquer ?

Quand les Gendarmes & Chevaulegers prétendent établir cette possession, pensent-t'ils à ce qu'ils devroient prouver ? N'aspirent-ils au poste de la portiere que comme à un poste d'honneur qu'il leur est libre de prendre ou de laisser à leur gré ?

S'ils fuppofent qu'ils font chargez *de veiller à la fûreté de Votre Per-*
fonne & d'en répondre, comment leurs Capitaines ont-ils pû s'en abfen-
ter un feul moment ? qu'ils prouvent donc qu'ils y ont toujours été,
ou fi de leur aveu, & fuivant leurs propres certificats, leurs Capitaines n'ont fait que s'y prefenter en paffant ? fi le feu Roy les a toûjours
renvoyez, que doit-on en conclure ? Si ce n'eft

1° Que fur leur propre expofé, ce pofte ne leur appartient point.

2° Qu'ils ne font chargez, *ni de veiller à la fûreté de la perfonne du
Roy, ni d'en répondre*?

En vain pour éluder ces conféquences, attribuënt-ils à la politeffe
du feu Roy, la maniere dont il renvoyoit le Prince de Soubize & le Duc
de Chevreufe : ce grand Prince, lorfqu'il s'agiffoit de devoir, & fur tout
d'un devoir auffi capital, *que celui de veiller à la fûreté de fa perfonne*, en
auroit-il difpenfé quelqu'un ? Et pendant qu'il laiffoit les Maréchaux
de Duras & de Lorges galoper tout le jour à côté de fa calecheà la chaf-
fe, quoique dans un âge très-avancé, par quel ménagement fingulier en
auroit-il ufé autrement à l'égard des Capitaines des Gendarmes & des
Chevaulegers, fi les obligations & les devoirs euffent été les mêmes ?
qu'ils reconnoiffent donc que tout ce qu'on avance dans leur Mémoire
pour établir leur droit, & leur poffeffion, prouve en effet qu'ils n'ont ni
l'un ni l'autre, s'ils n'aiment mieux avoüer qu'ils ont jufqu'à prefent
manqué àleurs devoirs les plus effentiels, ce qu'on ne préfumera jamais.

C'eft en confequence de ce que nous venons de reprefenter à vôtre
majefté, S I R E, que vos Gardes la fuplient très-humblement de juger
quels font les autheurs de la conteftation dont ils attendent le jugement avec impatience.

L'ardeur avec laquelle on la foutient depuis plus de deux ans, ne
leur donne qu'un trop jufte fujet de craindre qu'on ne veüille fe prepa-
rer par là une ouverture à de nouvelles pretentions.

Depuis vôtre avenenement à la Couronne, on n'a veu, SIRE qu'en-
treprifes & que tentatives : D'abord l'entrée dans la Cour interieure de
Vincennes. Enfuite le quartier des Chevaulegers logez dans Paris &
à Verfailles au lieu du Village qui leur étoit autrefois affigné du vivant
du feu Roy. La tentative de changer l'ordre ancien, fuivant lequel ils
fe mettoient en Bataille dans l'avant- Cour. L'affectation d'y faire rele-
ver en parade le quartier des Chevaulegers, ce qui n'avoit jamais été
pratiqué. L'altercation arrivée au retour de Paris après vôtre Majorité,
entre les Chevaulegers qui marchoient à la tête du Carroffe de Vôtre
Majefté & les Gardes de la Porte pour l'entrée dans la Cour interieure
de Verfailles. Le quartier de vos Gendarmes & Chevaulegers feparé
pour la premiere fois des Cornettes à Rheims contre l'ancien ufage,
afin d'en pouvoir conclurre quelque parité de fervice avec vos Gardes.
La pretention de leurs Capitaines-Lieutenants énoncée dans leur propre Memoire, d'avoir été mandés pour accompagner Vôtre Majefté à

la Cavalcade du Sacre, où ils n'ont jamais eu n'y place n'y employ qu'à la teste de leurs Troupes, ou comme les Courtifans & les perfonnes de leur confideration. Le Tabouret pris derriere Vôtre Majefté par le Capitaine des Chevaulegers le jour de la Pentecofte contre toute regle & tout ufage.

Toutes ces innovations, SIRE, font connoître à Vôtre Majefté combien il eft important qu'elle daigne Elle même prefcrire des bornes aux Fonctions & au Service de chacune des Troupes de vôtre Maifon.

On ne peut determiner & fixer ces bornes que par des titres ou des inductions tirées de l'ufage & de la nature des fervices, des droits, & des prerogatives ; Et vos Gardes, SIRE, croyent avoir demontré que l'un & l'autre decident également en leur faveur contre la prétention des Gendarmes & des Chevaulegers.

S'il s'agit de titres, il n'y en a point qui n'affurent à vos Gardes le droit & l'obligation d'entourer la perfonne de nos Roys le plus près qu'il eft poffible, pendant que les Gendarmes & Chevaulegers n'en fçauroient produire un feul qui les authorife à partager aucune de leurs fonctions.

Auffi toute la fuitte du memoire des Gendarmes & des Chevaulegers eft une peuve qu'au deffaut de titres, ils ne fe fondent à cet égard que fur des inductions ; mais la queftion une fois renfermée dans fes termes, ces inductions ne leur font-elles pas auffi peu favorables que les titres mêmes?

L'ancienneté de vos Gardes, SIRE, comparée avec l'origine & l'inftitution des Gendarmes & Chevaulegers qu'ils ont traité de *queftions inutiles & tout-à-fait étrangeres*, ne le font *devenuës* pour eux que parce qu'elles fourniffent, contre leurs pretentions, un argument decifif & fans replique.

Les préjugés qu'ils vouloient établir, d'une efpece de conformité avec les 200. Gentilshommes de Bec à Corbin, confondant adroitement les privileges & exemptions, avec les droits & fonctions de ces deux Compagnies, ont été détruits par le fimple expofé & la verification des Titres.

Le Reglement de 1652. dont ils ont voulu fe prévaloir, décide expreffément en faveur de vos Gardes.

On a fait fentir que les Ordonnances de 1665. & de 1667. étant purement militaires, ne pouvoient avoir d'application, & quelles en feroient les conféquences dans l'ufage & dans l'ordre du fervice perfonnel.

Les quatre Propofitions fur lefquelles étoient appuyées leurs principaux moyens éclaircies & dévelopées, n'ont fervi qu'à mettre dans fon veritable jour la difference des fervices & des fonctions, qui laiffant, à chacune des Compagnies de Vôtre Maifon, celles qui leur font propres & conformes à leur deftination , refervent à vos Gardes feuls la garde immédiate de vôtre perfonne , le foin de veiller à fa feureté , & la gloire d'en répondre.

On a diffipé les obfcurités que les Gendarmes & Chevaulegers avoient affecté de répandre fur les Reglemens de 1645. & 1679. & l'on a fuffifamment juftifié ce qu'on en avoit dit dans le premier Memoire pour établir la poffeffion ; à l'égard des certificats qu'on oppofe à vos Gardes , ils en produifent de leur part de plus précis encore.

Quelque difficulté que faffent les Gendarmes & Chevaulegers de croire ce que vos Gardes ont avancé fur la maniere dont feuë Madame & feu M. le Duc d'Orleans penfoient fur cette conteftation, le fait n'en eft pas moins connu & une infinité de perfonnes pourroient encore le certifier.

Mais, Vôtre Majefté , S I R E , peut trouver dans fa Maifon Roya-le, des preuves authentiques & non fufpectes de ce qui s'eft toujours pratiqué dans tous les voyages du feu Roy vôtre Augufte Bifayeul. Les Princeffes illuftres qui l'ont fi fouvent accompagné dans fes car-roffes, peuvent aifément éclaircir la verité. Vos Gardes, S I R E , ofent très-humblement & très-refpectueufement fupplier, Vôtre Majefté , d'ordonner au Secretaire d'Etat chargé du rapport de cette affaire , de leur demander de fa part un témoignage fi neceffaire & fi propre à ter-miner ce differend.

Ils ne revoqueront jamais en doute, SIRE , la jufticede Vôtre Majef-té ; mais plus flattez encore des effets de fa bonté pour eux , c'eft de l'une & de l'autre qu'ils attendent un jugement favorable.

C E R T I F I C A T S.

Extrait d'une Lettre de Monfieur le Maréchal de Broglie.

LE 2. Mars 1723. un Officier des Gendarmes du Roy m'a propofé de figner un Certificat, où plufieurs Officiers qui ont fervi dans les deux Compagnies ont figné. Je l'ay prié de vouloir me difpenfer de figner une chofe contre la verité, & contre ce que je penfe. J'ay eu l'honneur d'eftre cinq ans Guidon des Gendarmes du Roy. J'ay fervi par confequent autant de quartiers. Nous n'avons jamais vû d'Officier occuper la portiere du Caroffe dans ces voya-ges, par préference aux Officiers des Gardes du Corps, qui font chargez de la garde de la Perfonne du Roy, & qui ne marchent jamais à la tête de la Troupe des Gardes, qui fuit im-mediatement le Caroffe , & fe tiennent aux deux portieres, au lieu que les Officiers des Gen-darmes & des Chevaulegers de la Garde ont accoûtumé d'eftre à la tête de leurs Troupes. Quand ils ont quelque ordre à prendre , il eft fans difficulté qu'ils ont la liberté d'approcher de la portiere, & que les Officiers des Gardes du Corps ne peuvent les empêcher, ny après avoir pris l'ordre de courrir tant qu'il leur plaira , quand le terrain le permettra , vis à vis le Caroffe, fans neanmoins fe mettre entre le Caroffe & les Officiers des Gardes en quartier. Voilà ce que j'ay vû, & l'ay dit de même à l'Officier des Gendarmes du Roy, qui m'a pro-pofé de figner ce Certificat.

Certificat de M. de Saint Viance.

J'Entray Cadet dans les Gardes du Corps l'année 1664. & je fus fait Exempt dans la Compagnie de Noailles, où j'ay été Enseigne & Lieutenant l'espace environ de quarante ans, & je certifie que pendant tout ce tems-là, que j'ay eu l'honneur de servir le Roy dans ses Gardes du Corps, je n'ay jamais oüy parler de la prétention des Officiers des Gendarmes & Chevaulegers, & j'ay toûjours vû les Officiers des Gardes du Corps occuper les postes des portieres ; & quand Messieurs les Capitaines des Gendarmes & Chevaulegers avoient salué le Roy à la tête du Quartier, & qu'ils vouloient faire leur Cour à Sa Majesté, ils s'approchoient de la portiere, & nous nous retirions en arriere, sans cependant quitter nostre poste. Fait à Paris le 11. Septembre 1724. Signé, De Saint Viance.

Certificat de Monsieur de Montesson.

J'Ay eu l'honneur de servir le Roy pendant quarante-trois ans dans les Compagnies de Luxembourg & de Villeroy, neuf ans en qualité d'Exempt, & trente-quatre ans en qualité d'Enseigne, ou de Lieutenant. Pendant tout ce temps, je n'ay jamais vû, que les Officiers des Gardes du Corps occuper les portieres du Carosse du Roy, & je n'ay jamais entendu parler de la prétention de Mrs les Officiers des Gendarmes & Chevaulegers. Il est bien vray que je les ay quelquefois vû faire leur Cour sur la droite & sur la gauche ; mais cela n'a jamais dérangé les Officiers des Gardes du Corps du poste des portieres qu'ils ont toûjours occupez le plus près de la personne de Sa Majesté ; ce que je certifie avoir toûjours fait, & vû faire pendant tout le tems que j'ay servi dans les Gardes du Corps. Fait à Paris le douziéme Septembre 1724. Signé, Montesson.

Certificat de Monsieur Dumesnil.

NOus, premier homme d'Armes, & ancien Ayde-Major des Gardes du Corps du Roy, certifions, que pendant les 40. années que j'ay eu l'honneur de servir dans ses Gardes, en qualité de Garde du Corps du Roy, de Sous-brigadier, de Brigadier, d'Exempt, & d'Ayde Major ; avoir fait, servant près Sa Majesté, le voyage de Châlons en 1680. pour le Mariage de Monseigneur le Dauphin avec la Princesse de Baviere ; le dernier voyage de Chambor, avec la Cour, celuy de Dunkerque & des Villes de Flandres, celuy du Camp de Bellegarde, de Strasbourg, & ensuite du Camp de Bouquenon, où commandoit M. le Maréchal de Villeroy ; comme aussi avoir servi près sa Majesté en allant & revenant du Siege de Namur, & d'avoir servi près du Roy pendant les quatre années 1681. 82. 83. & 84. partant de Versailles pour Fontainebleau ; & de n'avoir jamais vû M. le Prince de Soubise, ny M. le Duc de Chevreuse occuper la portiere du Carosse du Roy, si ce n'est que quand le Roy, ayant passé devant l'Escadron de leur quartier, ces Messieurs venoient à la portiere du Roy, demander à sa Majesté s'ils n'avoient rien à ordonner à leurs Troupes, & se retiroient aussi-tôt. Il est bien vrai que j'ay vû pendant deux ou trois années partant de Versailles pour Fontainebleau, M. le Comte de Nonan, qui étoit un bel homme de cheval, & ordinairement bien monté, avoir quatre ou cinq chevaux en relais depuis Versailles jusques à Juvify, qu'il faisoit voir au Roy galopant à la hauteur de la portiere, & seulement quand le terrain étoit ouvert ; observant, quand le chemin devenoit étroit, qu'il demeuroit derriere avec les Gardes. Voilà ce que j'atteste estre très-veritable. Fait & signé le 15. de Septembre 1724. Dumesnil.

Certificat de Monsieur d'Esseville.

JE certifie, que depuis trente-un an que je suis entré dans les Gardes du Corps du Roy, en qualité d'Enseigne, dont vingt-deux de Lieutenant, je n'ay jamais vû Messieurs les Officiers des Gendarmes, ni des Chevaulegers à la portiere du Roy, quoi que j'aye eu l'honneur d'y estre quatre voyages de Fontainebleau, & un à Chantilly, n'y je n'ay jamais entendu dire à personne qu'ils y songeassent. C'est ce que je peus en honneur certifier. Ce seize Septembre 1724. Signé, D'Esseville.

Certificat de Monsieur le Marquis d'Urfé.

J'Ay passé ma jeunesse à servir le Roy dans ses Gardes du Corps. J'ay eu l'honneur pendant vingt ans d'y estre Officier. Je certifie que nous avons toûjours vécu dans une grande politesse avec les Officiers des Gendarmes & Chevaulegers, & que dans les voyages du Roy nous leur facilitions les moyens d'approcher du carosse de sa Majesté pour en estre vû, dont ils nous ont toûjours marqué beaucoup de reconnoissance, sans qu'il ait jamais paru qu'ils prétendissent aucun droit sur les places que nous voulions bien leur laisser occuper. A Paris ce seize Septembre 1724. Signé, LE MARQUIS D'URFE'.

Certificat de Monsieur Barzun.

JE certifie que pendant tout le tems que j'ay eu l'honneur de servir sa Majesté en qualité d'Enseigne & de Lieutenant de ses Gardes du Corps dans la Compagnie de Lorge, ensuite d'Harcourt, je n'ay jamais vû aucun Officier des Gendarmes & Chevaulegers se présenter pour galoper à la portiere ; mais toûjours à côté des Officiers des Gardes du Corps, à droite ou à gauche ; & je n'ay jamais oüi dire de mon tems, qu'ils crussent avoir droit de venir galoper à la portiere, en foy de quoy j'ay signé le présent. A Paris ce 14. Septembre 1724. Signé, B A R Z U N.

Certificat de Monsieur Villennes.

J'Ay vû plus d'une fois M. de Soubise entre les deux Ecuries, s'approcher du carosse du Roy partant pour Fontainebleau, qui après avoir parlé au Roy, disparoissoit.

J'ay vû une fois, partant de Fontainebleau, M. le Duc de Montfort à l'entrée de la Forest s'approcher du carosse, parler au Roy, & ensuite les Dames luy parlerent quelque tems ; mais dès que la conversation fut finie, il se retira, & l'Officier des Gardes du Corps reprit sa place. J'ay vû dans les voyages, quand le Roy étoit sorti de son quartier, les Officiers des Gendarmes, des Chevaulegers & des Mousquetaires, aussi s'approcher de la personne du Roy pour prendre l'ordre, ou pour rendre compte de quelque chose qui étoit arrivé, après quoy l'Officier des Gardes reprenoit sa place.

Dans toutes les entrées de Villes de Guerre, soit que le Roy fust dans son carosse, soit qu'il fût à cheval où tous, même les grands Officiers de la Maison, observoient leur place, jamais je n'ay vû un Officier vêtu de rouge se mêler avec les Officiers des Gardes du Corps.

C'est tout ce que je me souviens avoir remarqué depuis l'année 1675. que j'eus l'honneur d'entrer dans les Gardes, jusqu'en 1712. Signé, V I L L E N N E S.

A Villenes ce 17. Septembre 1724.

Certificat de Monsieur de la Rochefoucault Gondras.

SUr ce que Messieurs les Officiers des Gardes du Corps ont desiré que je leur envoye un détail de la maniere dont j'ay vû servir auprès du Roy pendant vingt années que j'y eu l'honneur d'estre Officier dans les Gardes du Roy. Je certifie, & c'est une verité constante, que je n'ay jamais vû lesdits Officiers ceder la portiere du carosse du Roy à qui que ce soit & que je ne l'ay jamais fait moy-même tant que j'ay eu l'honneur de servir près de la personne du feu Roy. Il m'est même revenu dans l'idée, qu'à un voyage de Fontainebleau, moy étant à la portiere du carosse, feu M. le Prince de Soubize s'étant approché, me dit avec la politesse qui luy étoit ordinaire, que je trouvasse bon qu'il prit ma place pour un moment. Après y avoir été peu de tems il se retira, & me fit beaucoup de politesse, en me cedant la place que je luy avois laissé prendre. Voilà une verité constante, & de ce tems il n'étoit point douteux que cette place ne pouvoit estre occupée que par les Officiers des Gardes du Corps. Ce que j'ai signé avec verité. Signé, LA ROCHE-FOUCAULT GONDRAS.

Extrait d'une Lettre de Monsieur d'Imecourt.

JE vous dirai qu'il est vrai que j'ai signé un Memoire ; il faut que j'aye mal entendu le fait, mon intention n'a point été de signer pareille chose ; j'ai tort d'avoir manqué d'attention à la lecture de ce Memoire : je sçais par moi, ou par avoir entendu dire, que lorsque le Quartier des Chevaulegers ont accompagné le Roy dans les grands voyages, qu'un nombre de Chevaulegers marchoient immédiatement à la tête des deux premiers chevaux, que les Officiers couroient quelquefois avec ceux des Gardes du Corps : quant à moi, je ne peux point dire qu'il y en ait eu de la Compagnie des Chevaulegers à la portiere ne l'ayant pas vû ; mais bien melez à droite & à gauche du carosse. Vous pouvez montrer ma Lettre ; si le Memoire est tel que vous me faites l'honneur de me le dire, je conviens de mon inattention, car je ne l'ai certainement point entendu de même ; si je le sçavois autrement je le dirois, ainsi sans peine j'avoüe ma faute.

De l'Imprimerie de JEAN - BAPTISTE DELESPINE, Imprimeur-Libraire ordinaire du Roy, ruë S. Jacques, à l'Image S. Paul.

M. D C C. X X I V.